PIANO • VOCAL • GUITAR

James Blunt
Some Kind of Trouble

CONTENTS

ISBN 978-1-4584-0119-9

HAL•LEONARD®
CORPORATION

7777 W. BLUEMOUND RD. P.O. BOX 13819 MILWAUKEE, WI 53213

In Australia Contact:
Hal Leonard Australia Pty. Ltd.
4 Lentara Court
Cheltenham, Victoria, 3192 Australia
Email: ausadmin@halleonard.com.au

Visit Hal Leonard Online at
www.halleonard.com

STAY THE NIGHT

Words and Music by JAMES BLUNT,
STEVE ROBSON, RYAN TEDDER
and BOB MARLEY

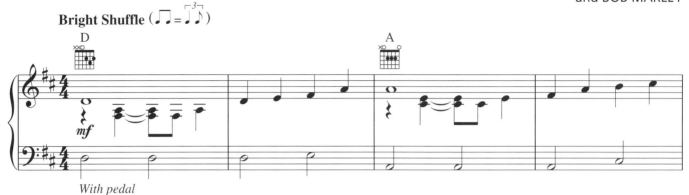

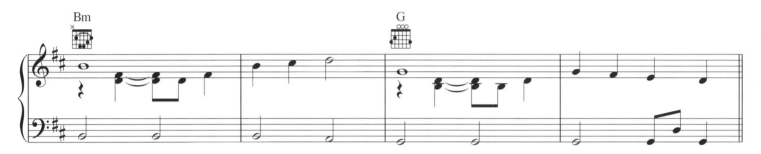

It's sev-en-ty-two de-grees, zero chance of rain. It's been a per-fect day.

We've been sing-ing "Bil-lie Jean," mix-ing vod-ka with caf-feine. We've got stran-gers stop-ping by.

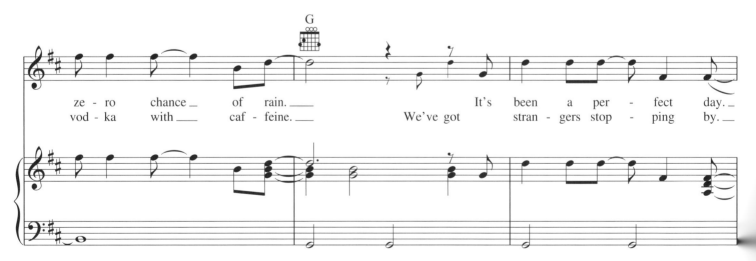

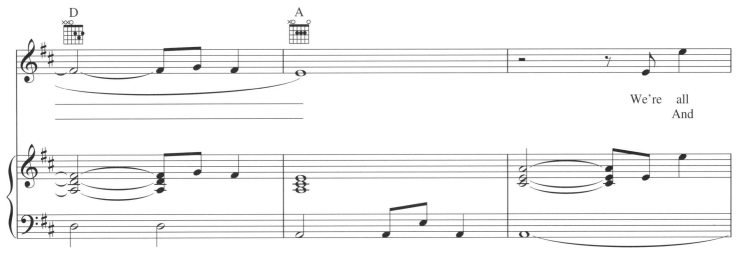

We're all
And

spin - ning on ___ our heels, ___ so far a - way ___ from real ___
though you're out ___ of tune, ___ girl, you blow my mind, ___ you do. ___

___ in Cal - i - for - ni - a. ___
And all I'm say - ing is, I ___ don't wan - na say ___ good -

night. ___
We watched the sun - set from our car; ___
If there's no qui - et cor - ner ___

want you, ___ I want you ___ to know. ___ The

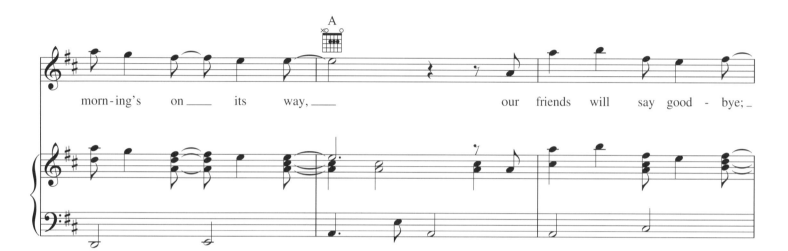

morn-ing's on ___ its way, ___ our friends will say good - bye; _

___ there's no - where else ___ to go, ___ I hope ___ that

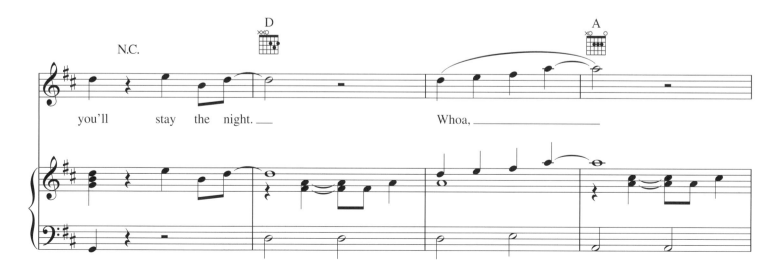

you'll stay the night. ___ Whoa, _____

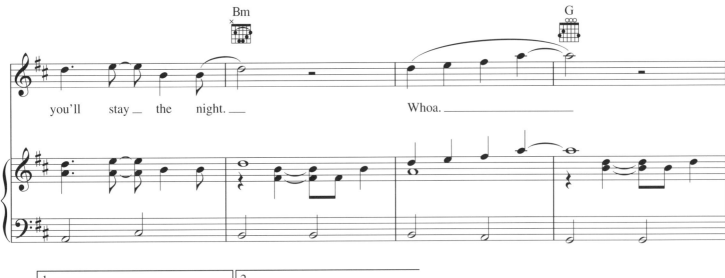

you'll stay __ the night. __   Whoa. _____

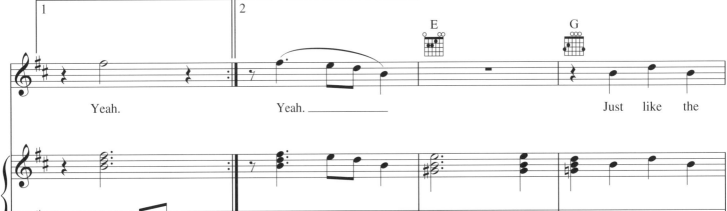

1. Yeah.   2. Yeah. _____   Just like the

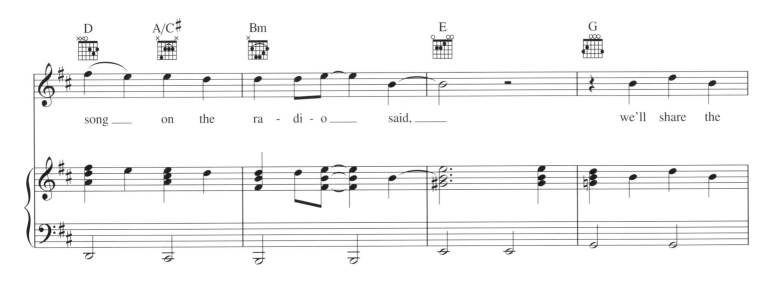

song __ on the ra - di - o __ said, _____ we'll share the

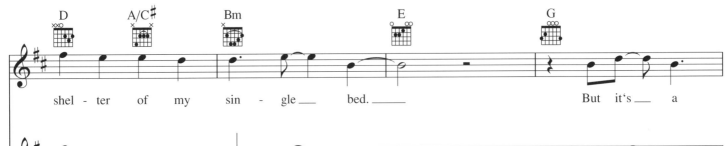

shel - ter of my sin - gle __ bed. _____   But it's __ a

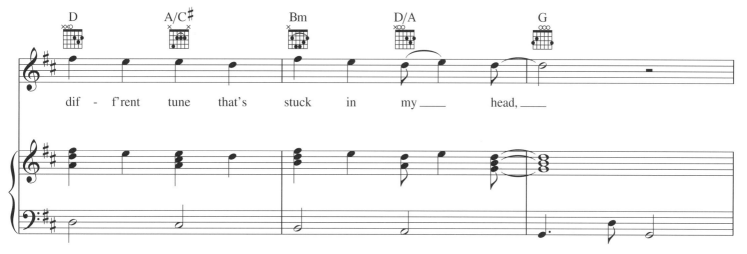

dif - f'rent tune that's stuck in my ____ head, ____

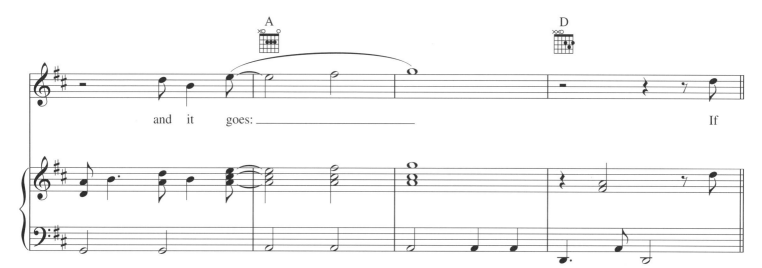

and it goes: _____ If

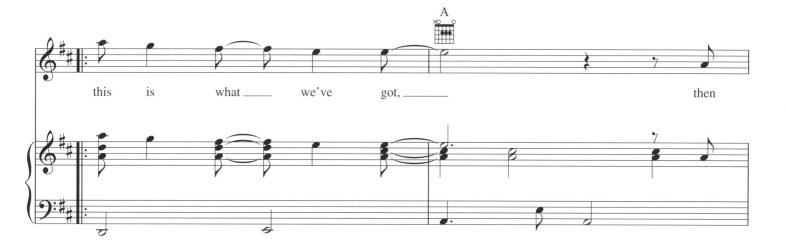

this is what ____ we've got, ____ then

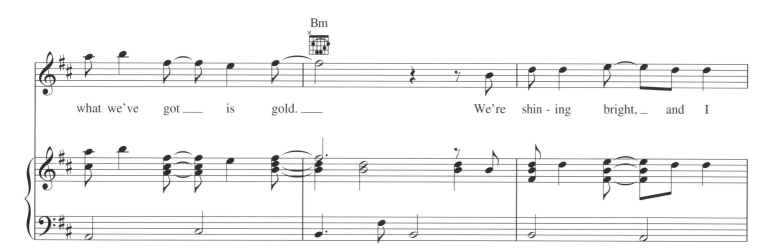

what we've got ____ is gold. ____ We're shin - ing bright, ___ and I

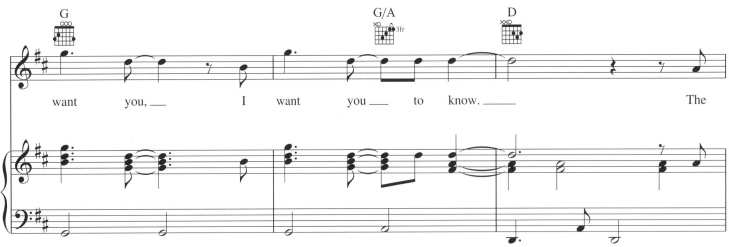

want you, ___ I want you ___ to know. ___ The

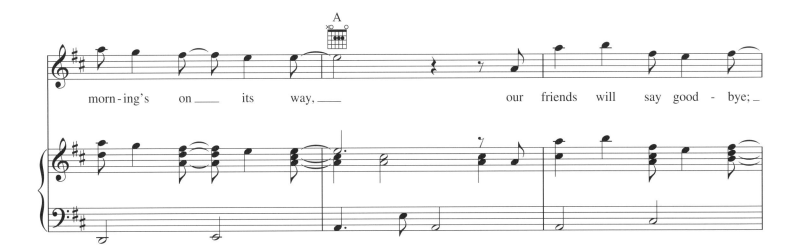

morn-ing's on ___ its way, ___ our friends will say good-bye; ___

___ there's no-where else ___ to go, ___ I hope ___ that

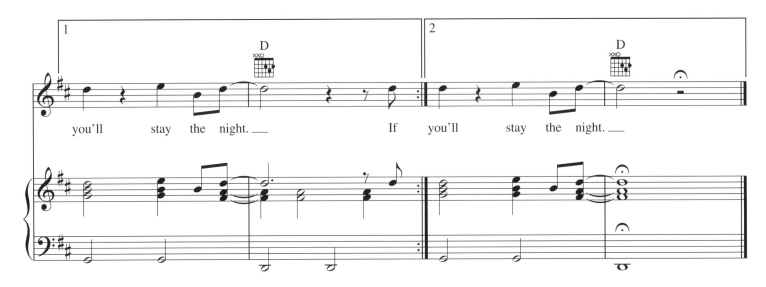

1

you'll stay the night. ___ 2 If you'll stay the night. ___

DANGEROUS

Words and Music by JAMES BLUNT
and STEVE ROBSON

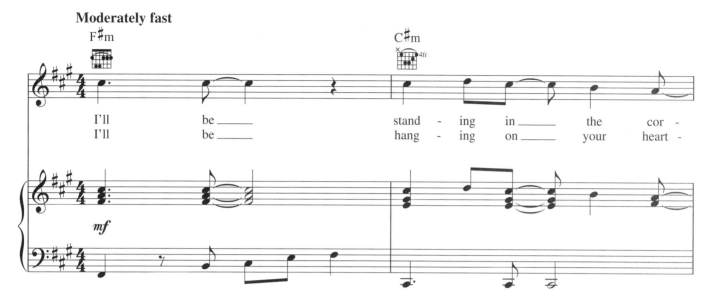

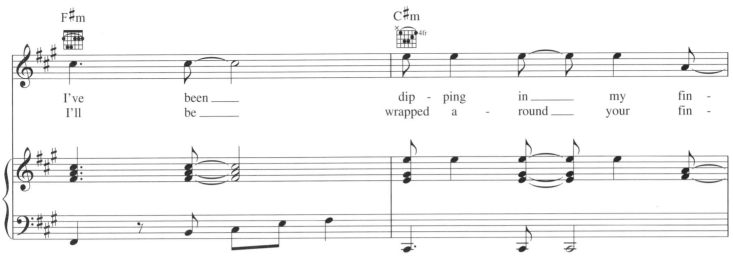

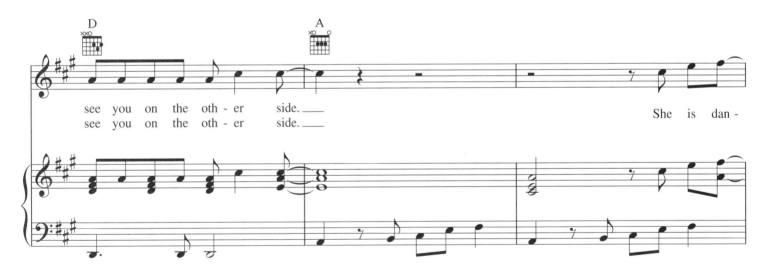

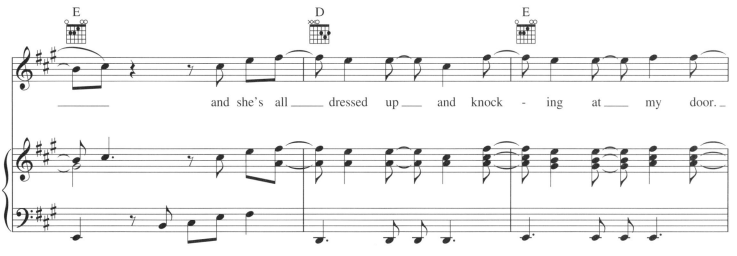

and she's all _____ dressed up _____ and knock - ing at _____ my door. _____

_____ Oh whoa. _____ She is dan - ger - ous, _____ she is dan -

- ger - ous, _____ I know, _____ oh whoa, _____ but she's got _____

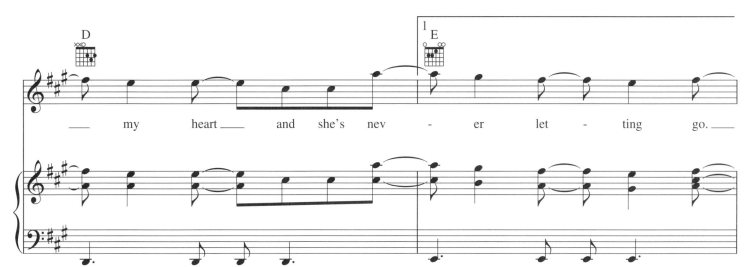

_____ my heart _____ and she's nev - er let - ting go. _____

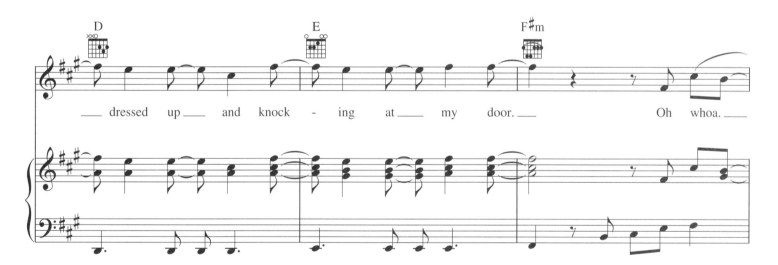

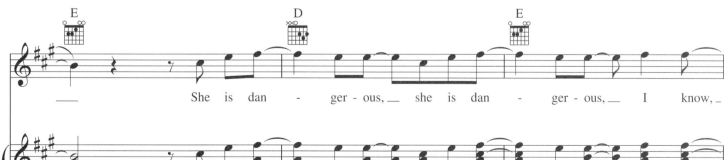

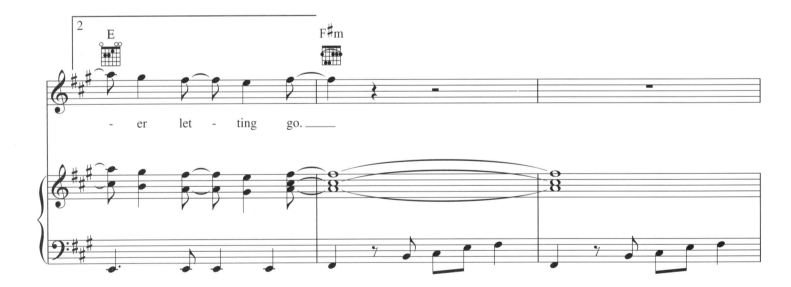

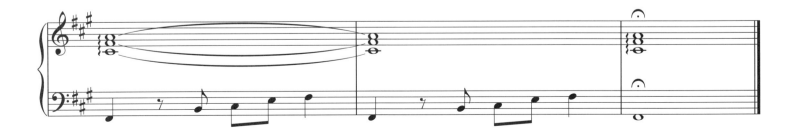

BEST LAID PLANS

Words and Music by JAMES BLUNT,
WAYNE HECTOR and STEVE ROBSON

Moderately slow

You don't like it in the shad-ows,

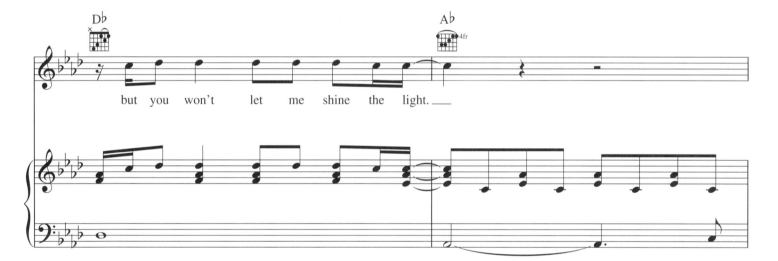

but you won't let me shine the light. ___

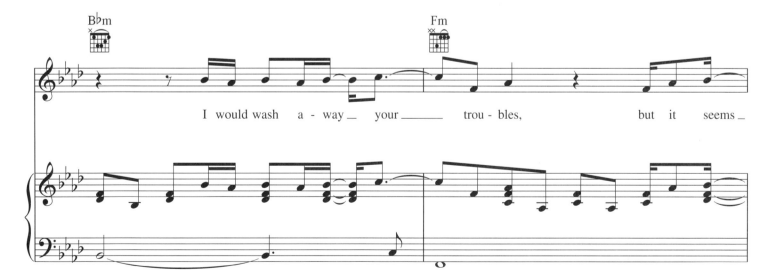

I would wash a - way ___ your ___ trou - bles, but it seems ___

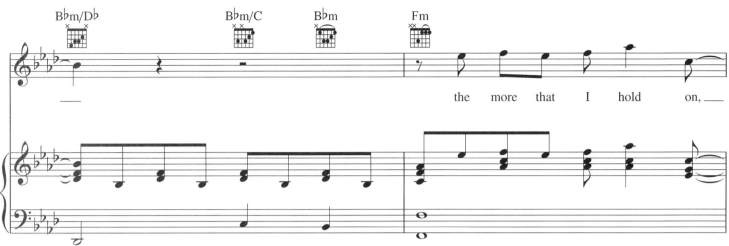

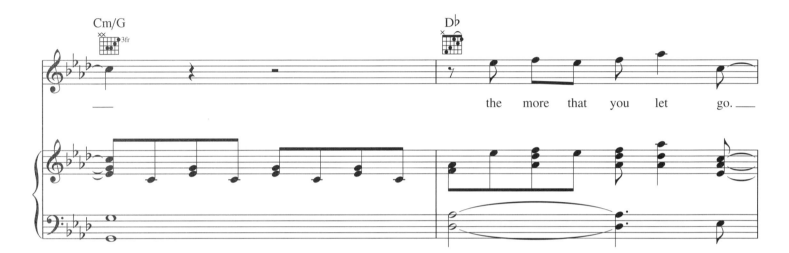

Tell me why _____ all the best laid plans _____

_____ fall a - part _____ in your hands, _

_____ and my good in - ten - tions nev - er end ___

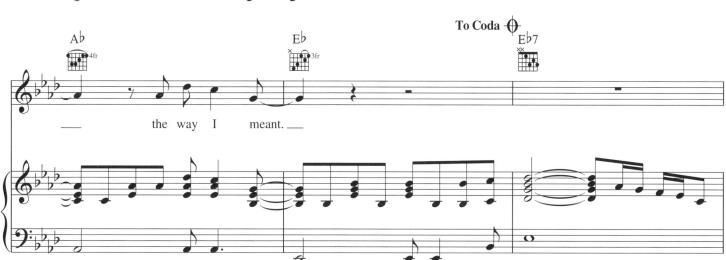

_____ the way I meant. ___

If we don't talk a - bout __ the fu - ture, __ then should I __ just __

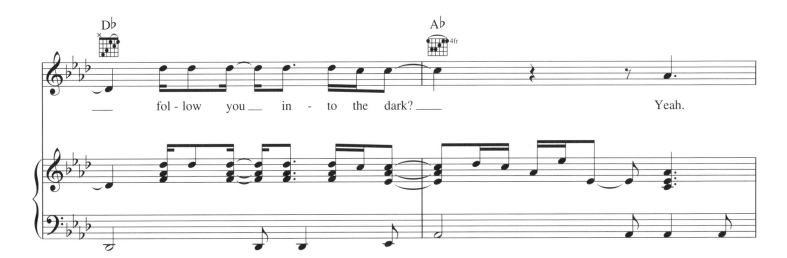

__ fol - low you __ in - to the dark? __ Yeah.

And does your si - lence keep you __ cold while the cracks __

D.S. al Coda

__ form on my heart? __ Tell me why __

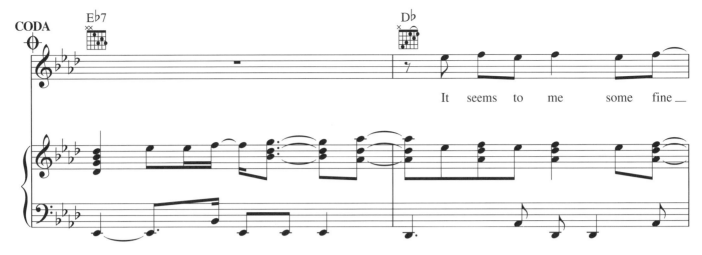

CODA

It seems to me some fine

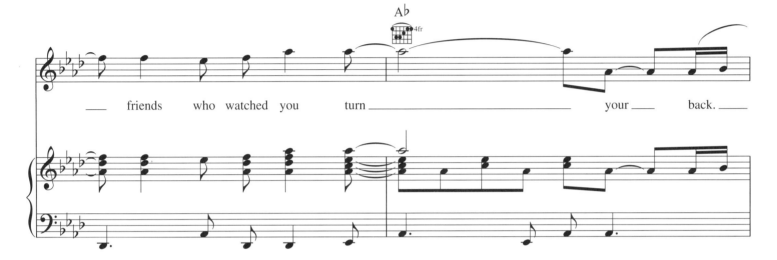

friends who watched you turn your back.

It seems you on-ly want the things that you can't have.

Tell me why

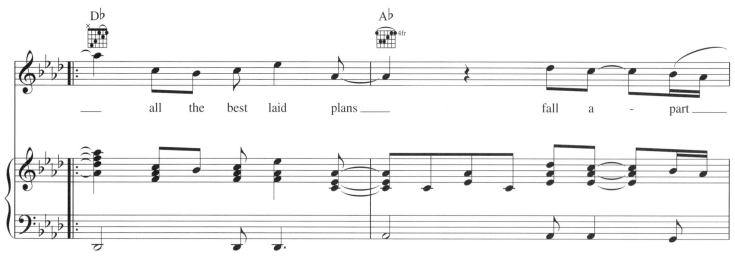

all the best laid plans ___ fall a - part ___

___ in your hands, ___ and my good in - ten - tions nev - er end ___

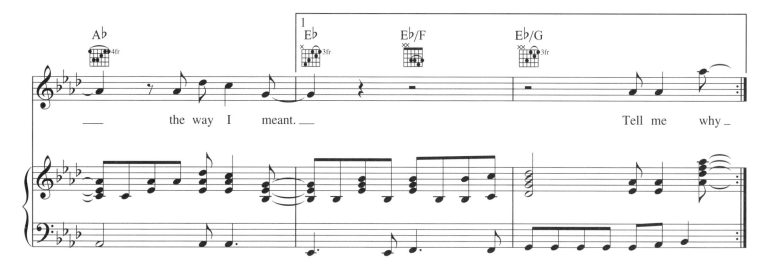

___ the way I meant. ___ Tell me why ___

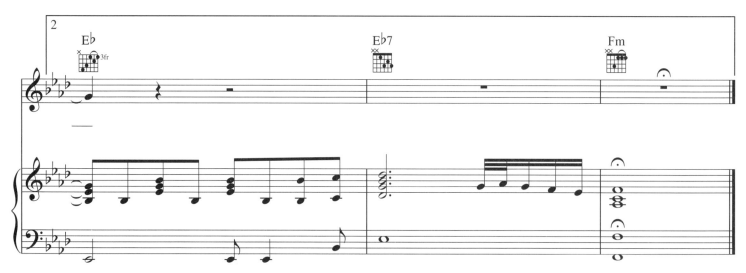

SO FAR GONE

Words and Music by JAMES BLUNT,
STEVE ROBSON and RYAN TEDDER

We tried our best ___ to find ___ us,
I tried ___ hard ___ to re - mem - ber;

but there are no lights ___ to guide ___ us.
this pris - on cell used ___ to be a shel - ter.

I can't sleep ___
Now we're just look -

___ be - side ___ a stran - ger ___ now. _____
- ing for ___ the best ___ way ___ out. _____

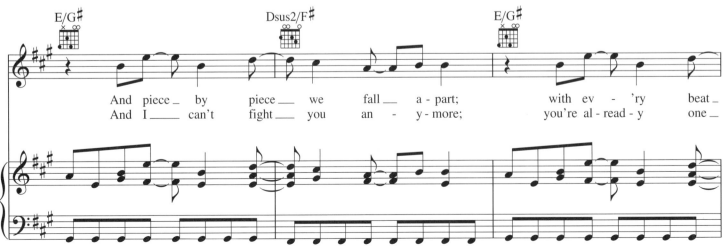

E/G#
Dsus2/F#
E/G#

And piece ___ by piece ___ we fall ___ a - part;
And I ___ can't fight ___ you an - y - more;

with ev - 'ry beat ___
you're al - read - y one ___

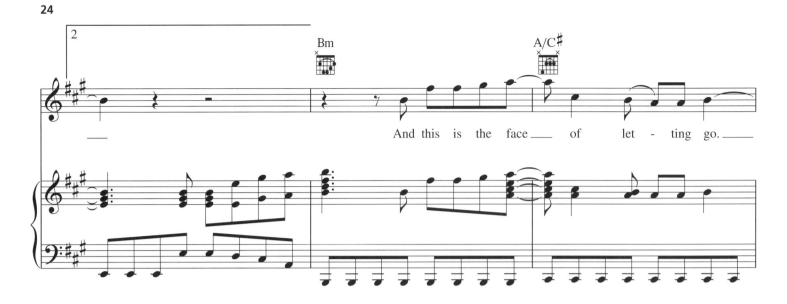

And this is the face ___ of let - ting go. ___

And these are the things ___

___ we al - read - y know. ___

So I'll just say ___ what you won't say; and I'll take the blame, ___

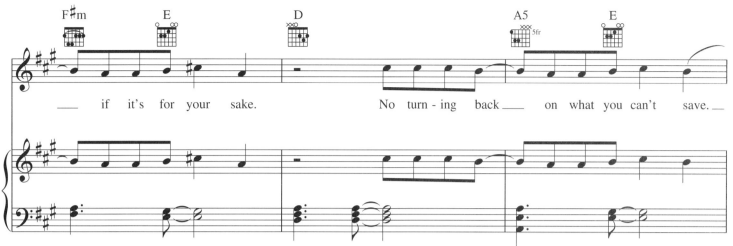

if it's for your sake. No turn-ing back ___ on what you can't save. ___

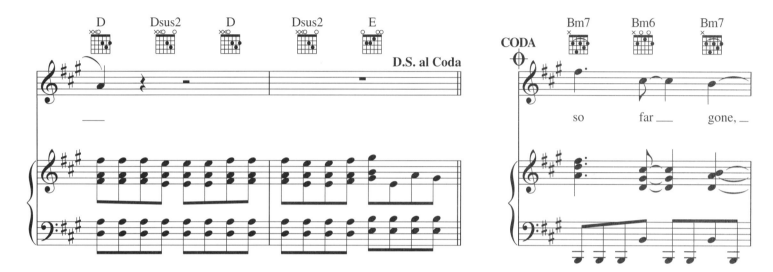

D.S. al Coda

CODA

___ so far ___ gone, ___

___ yeah, we're so far ___ gone. _____

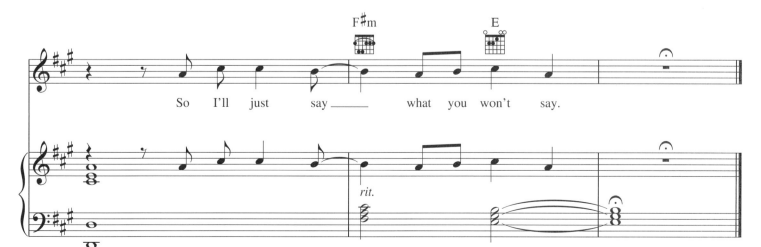

So I'll just say _____ what you won't say.

rit.

NO TEARS

Words and Music by JAMES BLUNT,
WAYNE HECTOR and STEVE ROBSON

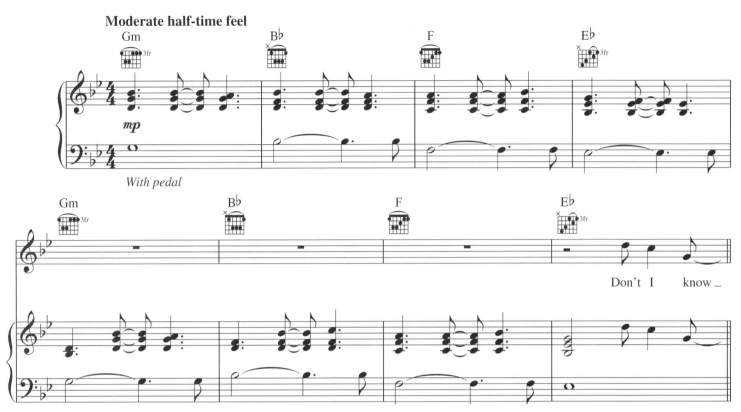

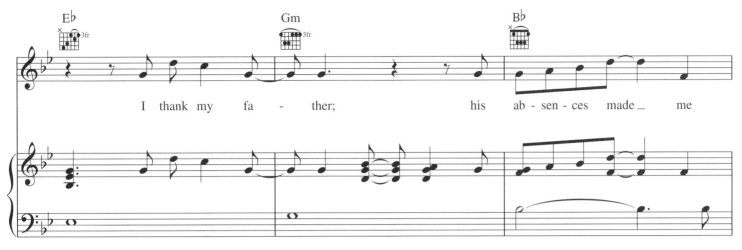

I thank my fa - ther; his ab - sen - ces made ___ me

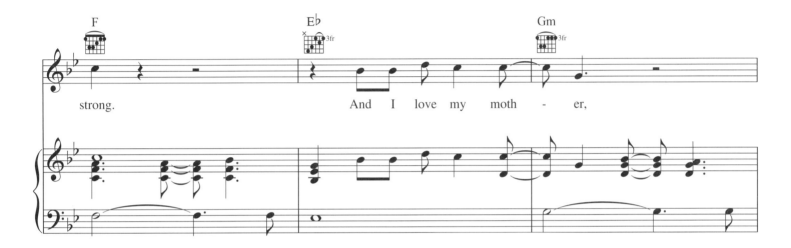

strong. And I love my moth - er,

but she had trou - bles with God. ___ No

tears ___ for the life ___ that ___ you've led; ___

you've had an - gels __ in your head. __

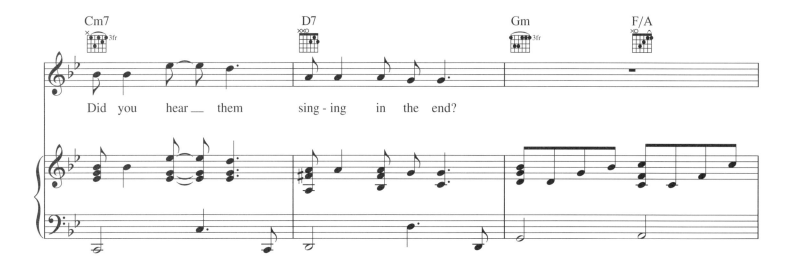

Did you hear __ them sing - ing in the end?

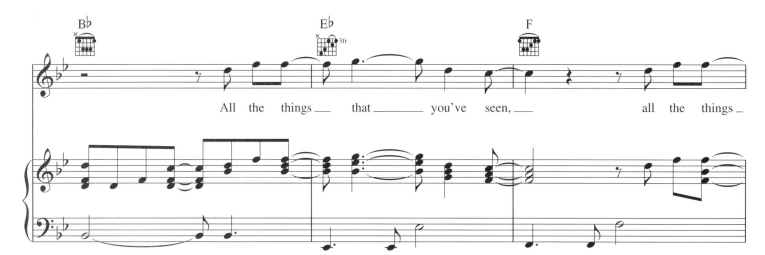

All the things __ that __ you've seen, __ all the things __

__ that could have been, __ well, I've been ev - 'ry -

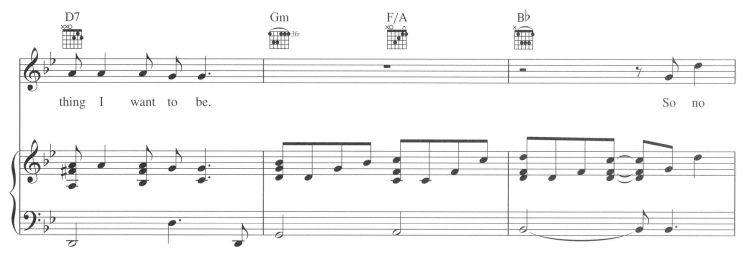

thing I want to be. So no

tears, ___ no tears _____ for me. __

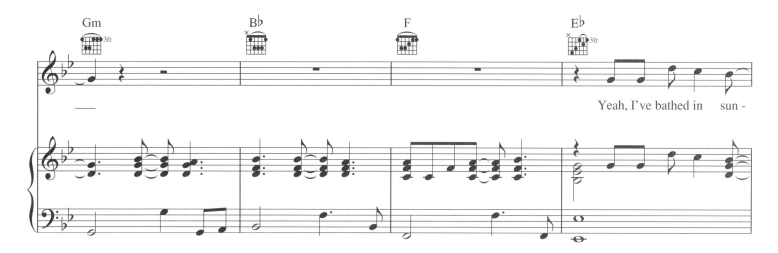

Yeah, I've bathed in sun -

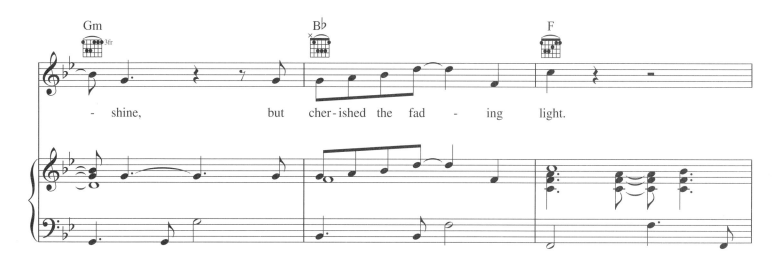

- shine, but cher-ished the fad - ing light.

30

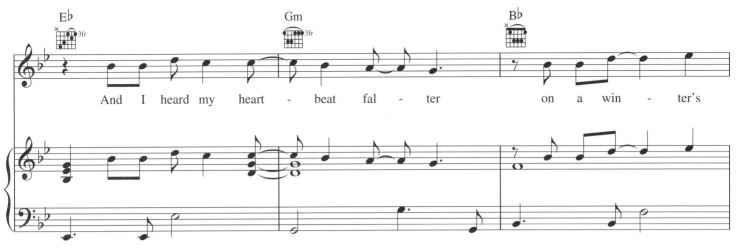

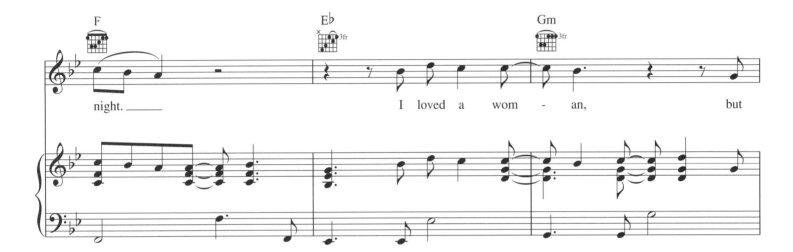

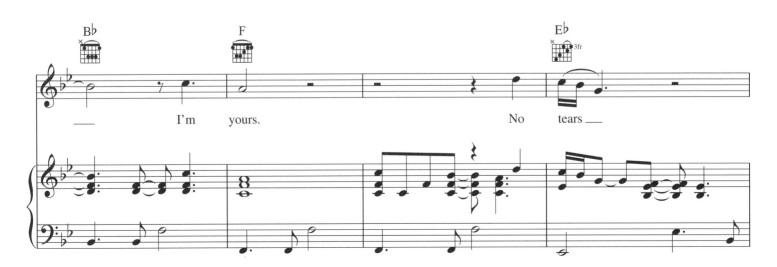

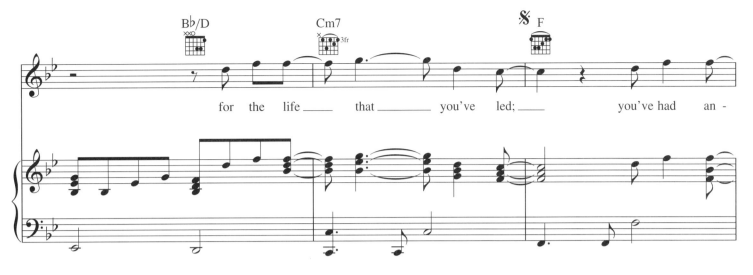

for the life ___ that ___ you've led; ___ you've had an -

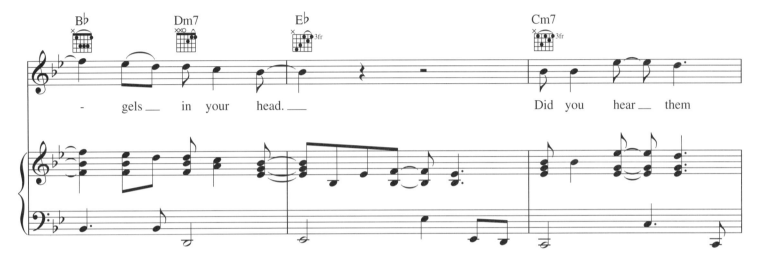

- gels ___ in your head. ___ Did you hear ___ them

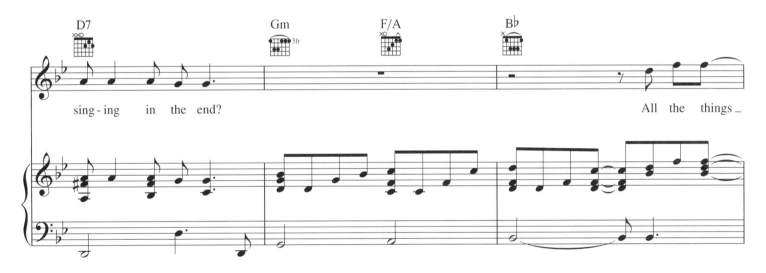

sing - ing in the end? All the things _

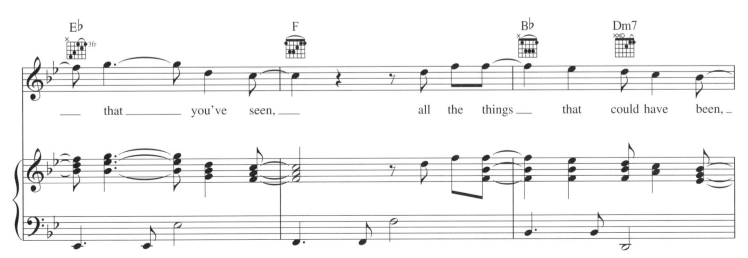

___ that ___ you've seen, ___ all the things ___ that could have been, _

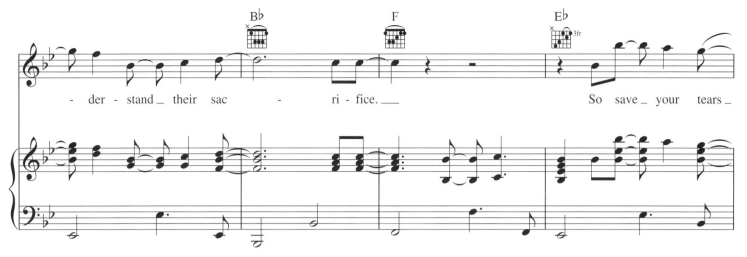

- der - stand _ their sac - ri - fice. _ So save _ your tears _

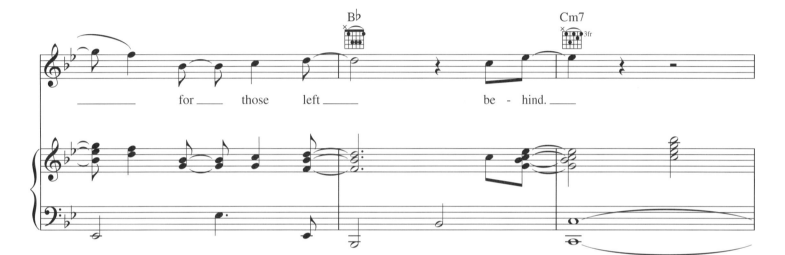

_ for _ those left _ be - hind. _

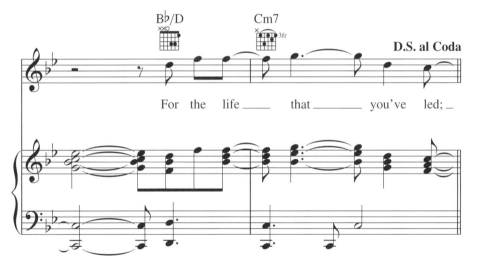

For the life _ that _ you've led; _

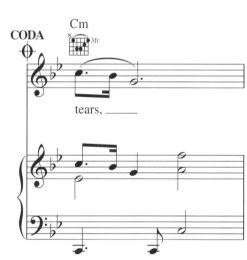

tears, _

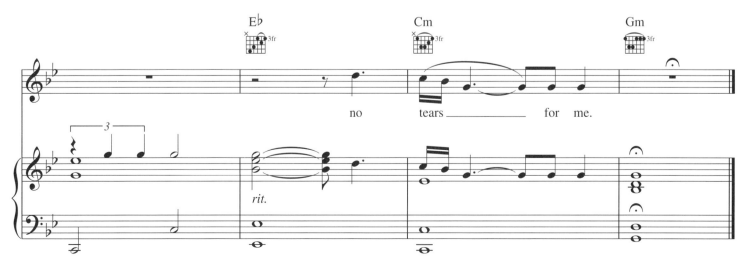

no tears _ for me.

rit.

SUPERSTAR

Words and Music by JAMES BLUNT
and GREG KURSTIN

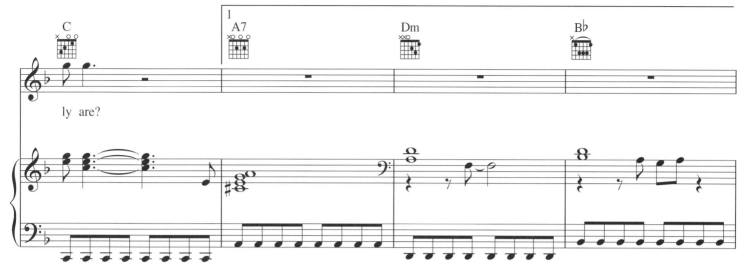

ly are?

There's an emp -

ly are?

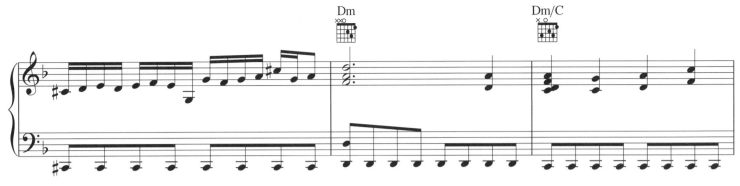

He said, "Times ___ like these, ___ I don't want ___ to be ___ a su-per-star,

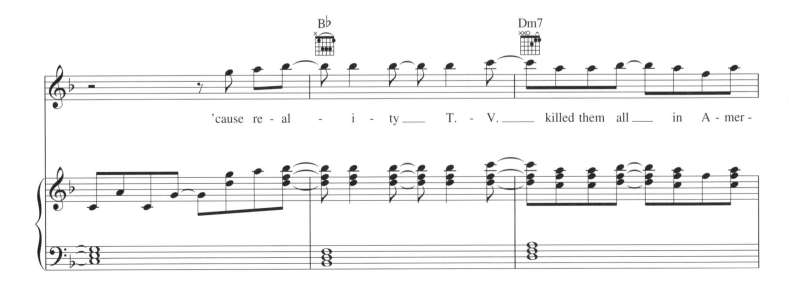

'cause re - al - i - ty ___ T. - V. ____ killed them all ___ in A - mer-

i - ca.   Though the sun _____   al - ways shines _

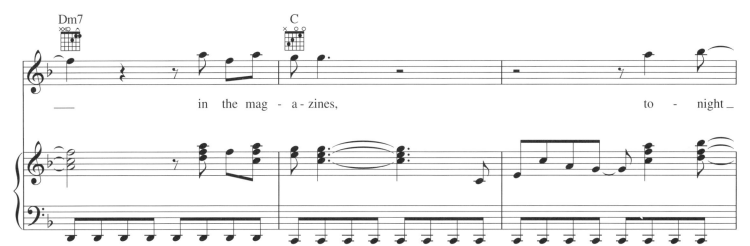

_____   in the mag - a - zines,   to - night _

_ can   we _ be   free _____   to   be _ who   we   real - ly   are?

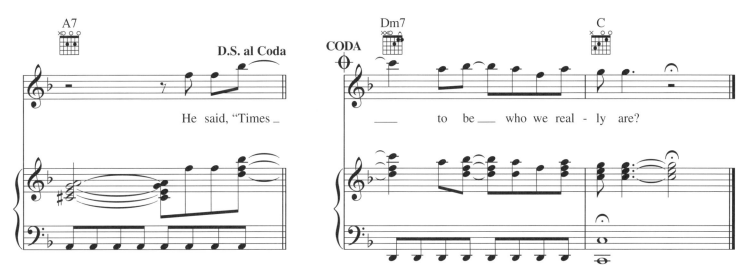

D.S. al Coda   **CODA**

He   said, "Times _   _ to   be _ who   we   real - ly   are?

THESE ARE THE WORDS

Words and Music by JAMES BLUNT,
WAYNE HECTOR and STEVE ROBSON

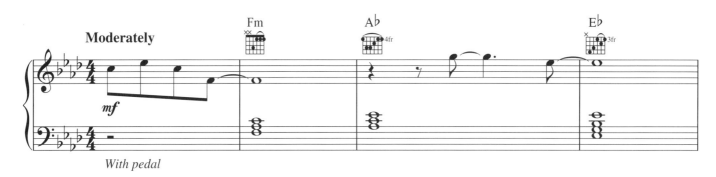

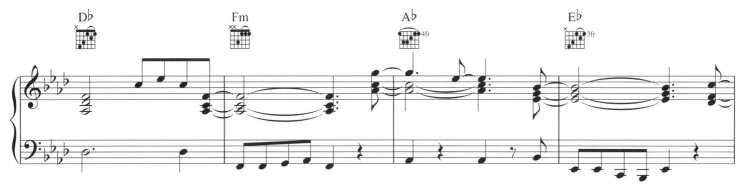

Ten - der was my lov - er from the sub - urbs of town.__ We were sweet-
Ten - der was my lov - er; God, I miss her em - brace,__ and I won-

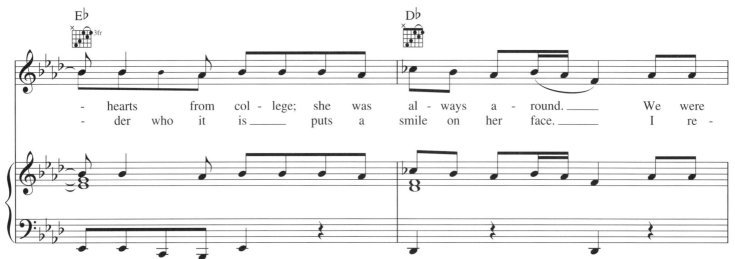

- hearts from col - lege; she was al - ways a - round._____ We were
- der who it is_____ puts a smile on her face._____ I re-

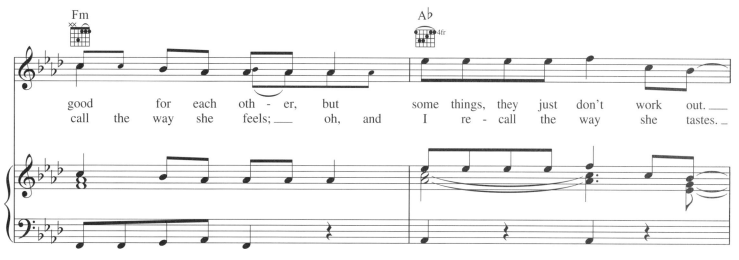

good   for each oth - er, but   some things, they just don't work out. ___
call the way she feels; ___ oh, and   I re - call the way she tastes. ___

___   There were tears ___ in   my eyes   when
___   If   I could hold her   now, __   then

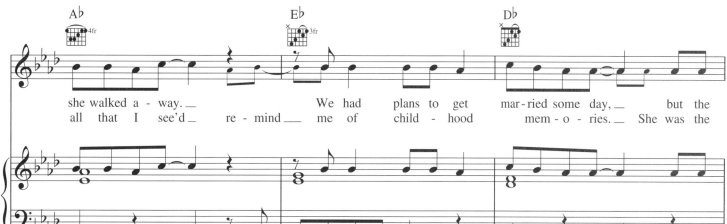

she walked a - way. __   We had   plans to get mar - ried some day, __   but the
all that I see'd __ re - mind __ me of child - hood mem - o - ries. __ She was the

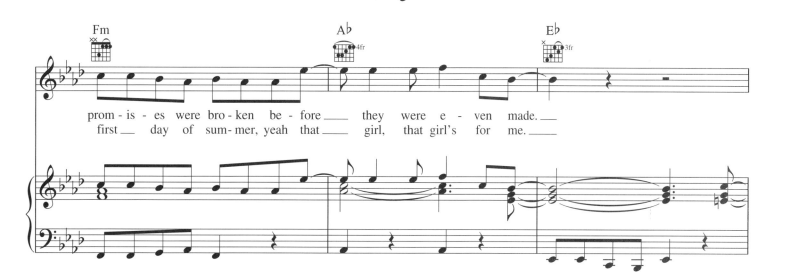

prom - is - es were bro - ken be - fore ___ they were e - ven made. ___
first __ day of sum - mer, yeah that ___ girl, that girl's for me. ___

D.S. al Coda

to you when you were stand - ing here next to me. _____ 'Cause I've giv -

CODA

Now I'm danc - ing with a bro - ken heart;

ain't __ no doc - tor who can make it start. Sing-ing, these are the words __

_____ that I'm nev - er gon-na say a - gain. ___

CALLING OUT YOUR NAME

Words and Music by JAMES BLUNT,
WAYNE HECTOR and STEVE ROBSON

Well, you can stand there wait - ing for a rain - y day, ___ close up your heart and hide ___

___ your danc - ing shoes a - way, ___ and cut ___ your - self ___ with your ___ mis - takes. ___

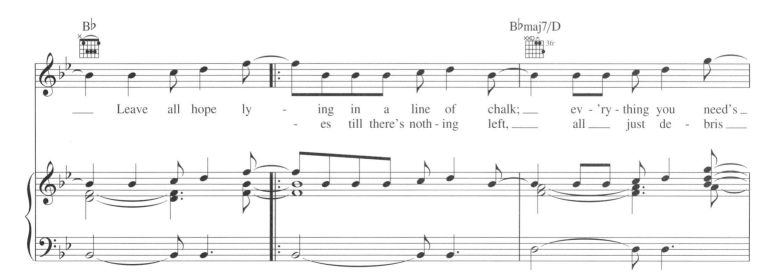

___ Leave all hope ly - ing in a line of chalk; ___ ev - 'ry - thing you need's ___
- es till there's noth - ing left, ___ all ___ just de - bris ___

I'm call-ing out, __ I'm call-ing out __ your __ name.

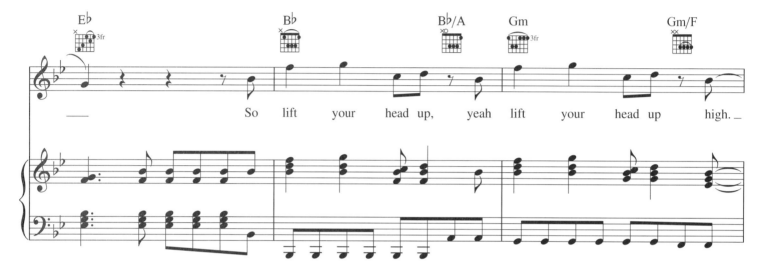

So lift your head up, yeah lift your head up high. __

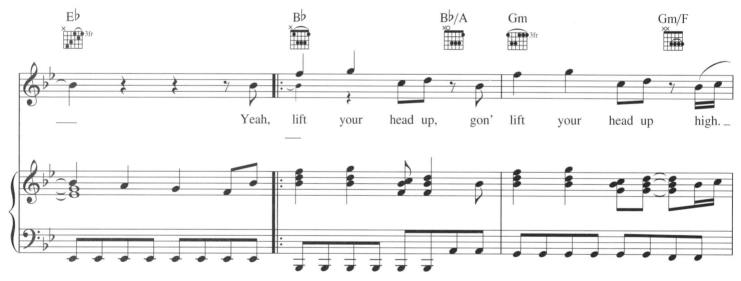

Yeah, lift your head up, gon' lift your head up high. __

(I'm al-ways by your side.) __ Yeah, __

HEART OF GOLD

Words and Music by JAMES BLUNT
and STEVE ROBSON

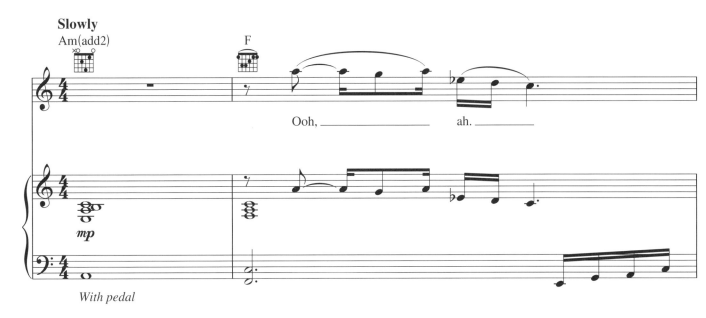

Ooh, _____ ah.

Ooh, _____ ah.

This time her mind's made up;____ yeah, she's mov - ing on. ____
Al - ways_ look-ing for love;_ she's be-gin-ning to think_ she's cursed. _

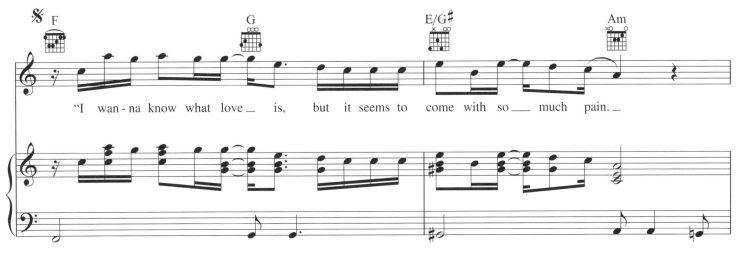

"I wan-na know what love __ is, but it seems to come with so __ much pain. __

If no one wants to show __ me, it seems eas-i-er __ just __ to run a-way.

When I __ am gone, __ it's just a pen-ny for __ my soul, __ but God, He knows

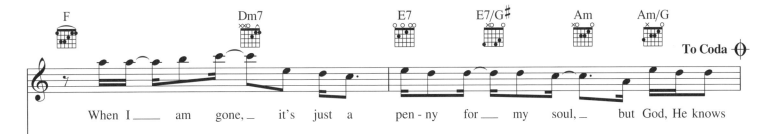

I've got a heart of gold." _____

Been com'n' 'round here __ since she's a lit-tle girl; __

but now the change is clear: __ we live __ in a cyn-i-cal world. __

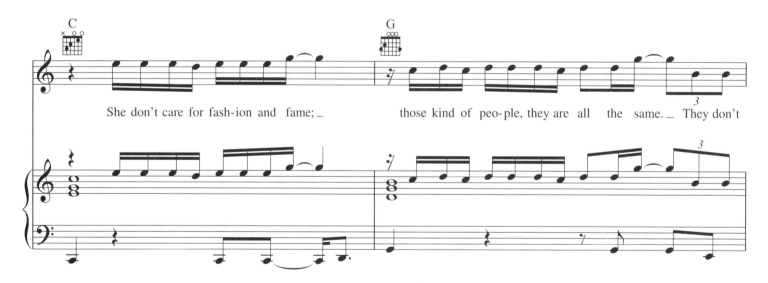

She don't care for fash-ion and fame; __ those kind of peo-ple, they are all the same. __ They don't

wan-na know __ she's got a heart of gold. __ And she __ says, __

D.S. al Coda

I've got a heart of gold." _____

We'll see her foot - steps in the snow. _

and she __ sings, "I wan - na know what love __ is, but it seems to

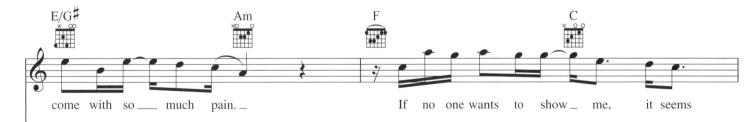

come with so ___ much pain. _

If no one wants to show __ me, it seems

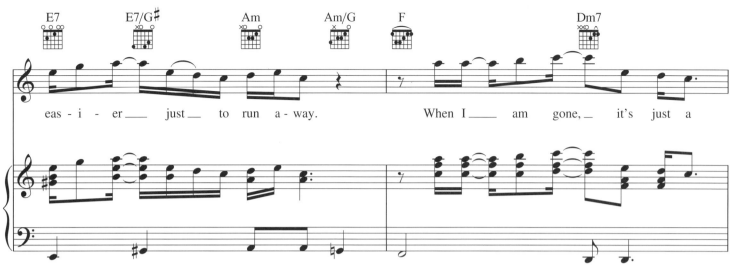

eas - i - er ___ just ___ to run a-way. When I ___ am gone, ___ it's just a

pen - ny for ___ my soul, ___ but God, He knows ___ I've got a heart of gold." ___

I'LL BE YOUR MAN

Words and Music by JAMES BLUNT
and KEVIN GRIFFIN

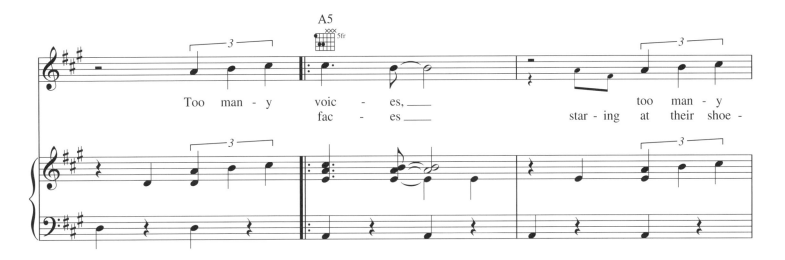

Too man-y voic - es, _____ too man-y
fac - es _____ star-ing at their shoe -

nois - es, _____ in-vis-i-ble wires keep-ing
lac - es _____ when all an-y-one wants it

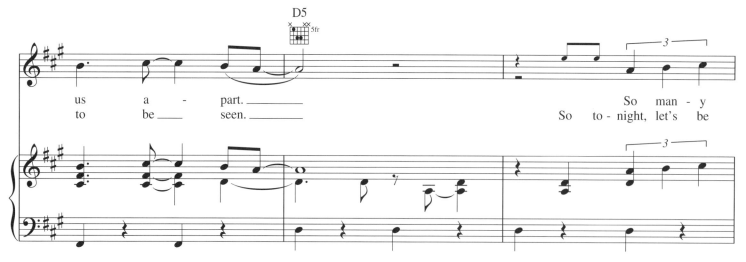

bub - ble; ____ let's get in - to all kinds of trou - ble.
say _____ just sounds like a worn - out cli - ché. ____

Slide o - ver here; ____ let your hands feel the way. ____ There's

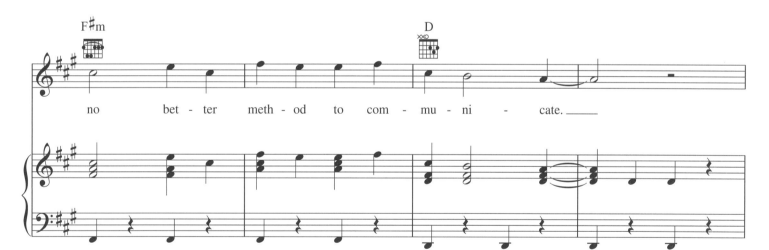

no bet - ter meth - od to com - mu - ni - cate. ____

Girl, stop your talk - ing; words just get in the way. ____

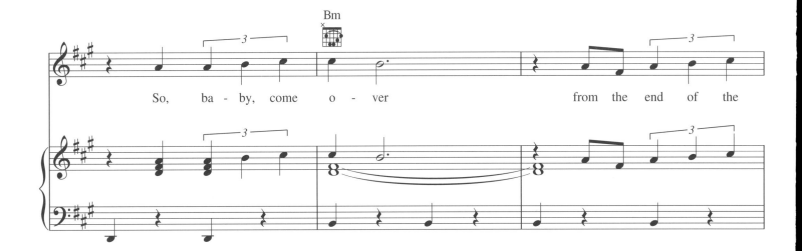

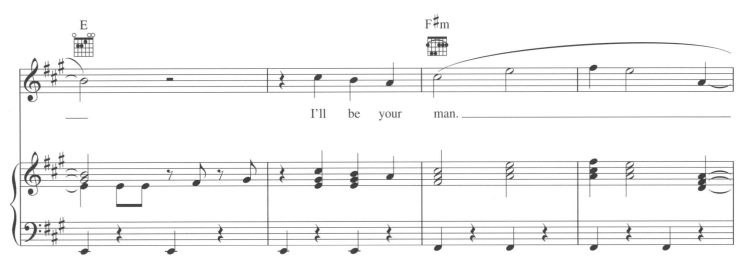

So man - y

What are we all look - ing for? Some - one we just

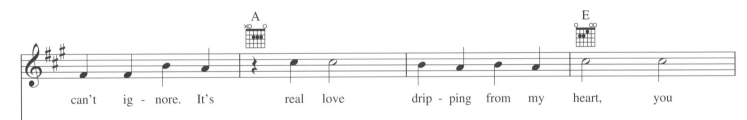

can't ig - nore. It's real love drip - ping from my heart, you

got me trip - ping. What are we all look - ing for?

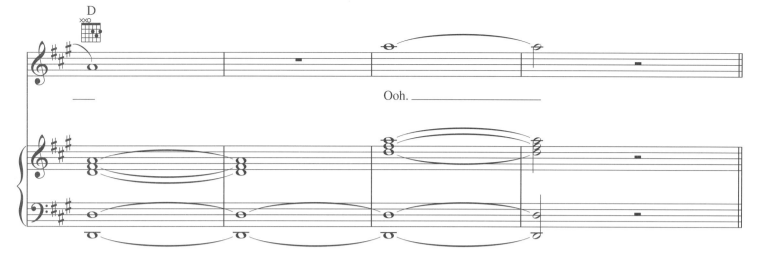

Ooh.

Slide o - ver here; ___ let your hands feel the way. ___ There's

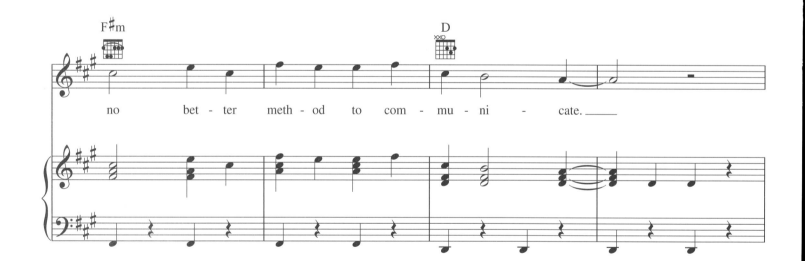

no bet - ter meth - od to com - mu - ni - cate. ___

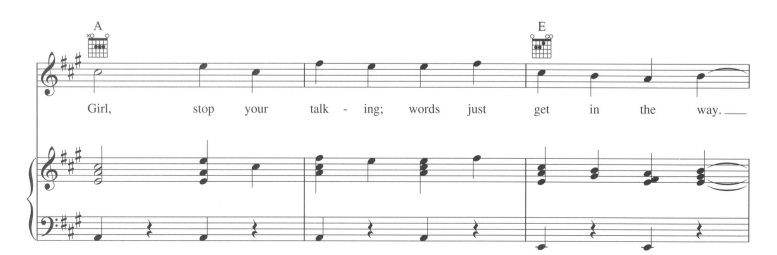

Girl, stop your talk - ing; words just get in the way. ___

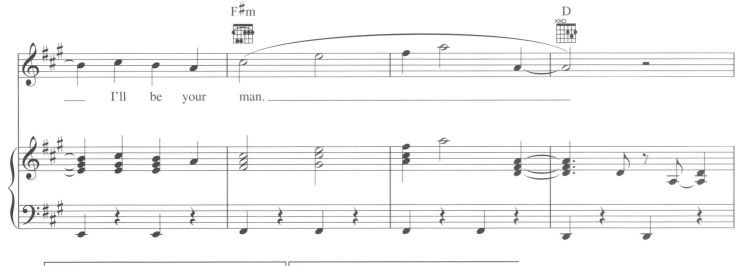

I'll be your man. _____

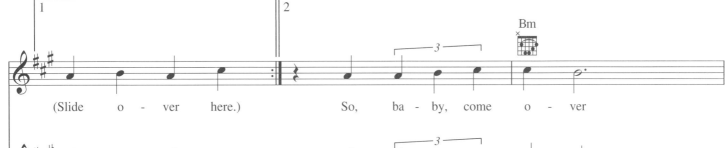

(Slide o - ver here.) So, ba - by, come o - ver

from the end of the so - fa. _____ I'll be your

man. _____ I'll be your

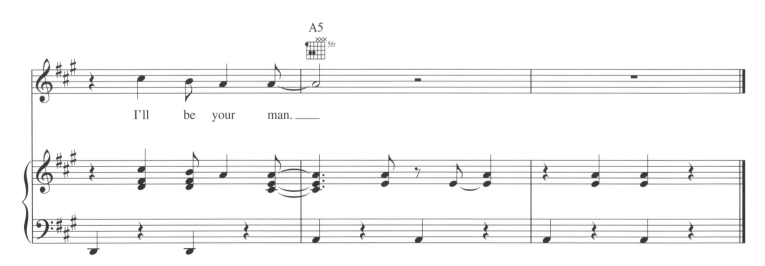

IF TIME IS ALL I HAVE

Words and Music by JAMES BLUNT
and FRANCIS "EG" WHITE

Slowly, with a shuffle

When you wake_ up, turn your ra - di - o on,_
When you mar - ry, and you look_ a - round,_

With pedal

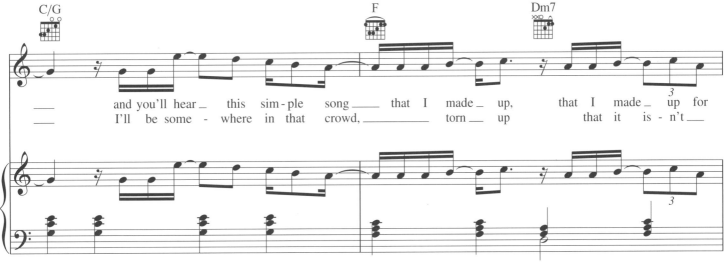

_ and you'll hear_ this sim - ple song_ that I made_ up, that I made_ up for
_ I'll be some - where in that crowd,_ torn_ up that it is - n't_

you._
me._

When you're driv - ing, turn your ra - di - o on,_
When we're old - er, and the mem - o - ries fade,_

* *Recorded a half-step higher.*

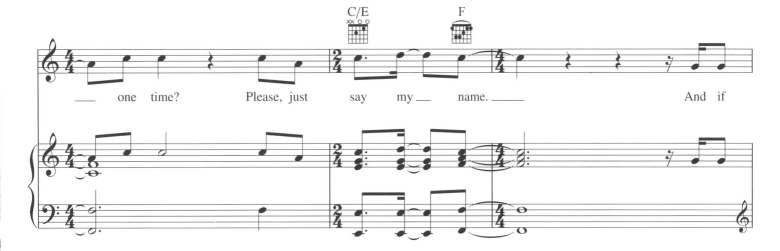

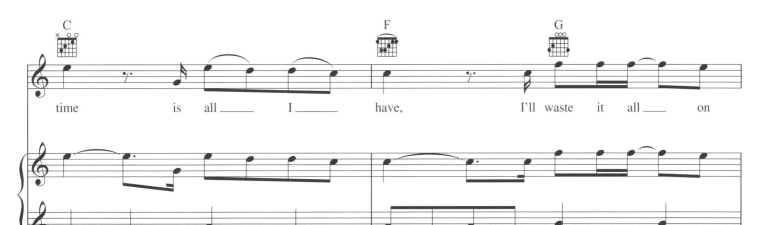

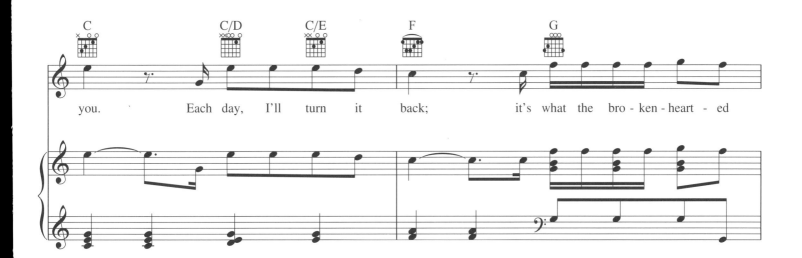

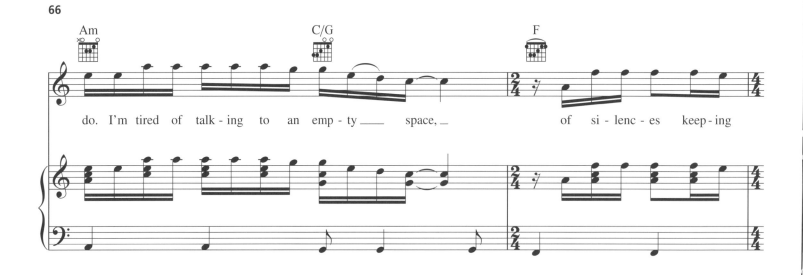

do. I'm tired of talk-ing to an emp-ty ___ space, _ of si - lenc - es keep - ing

me a - wake. _ If

D.S. al Coda

me a - wake. _ Won't you

CODA

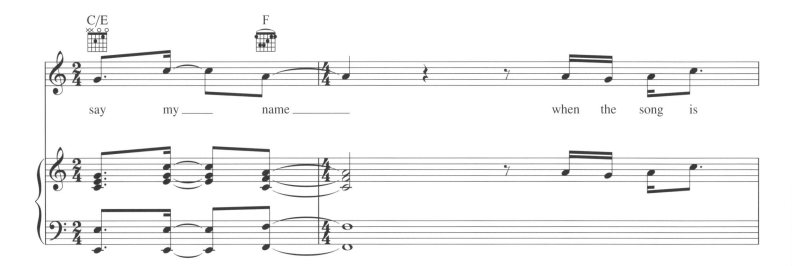

say my ___ name _____ when the song is

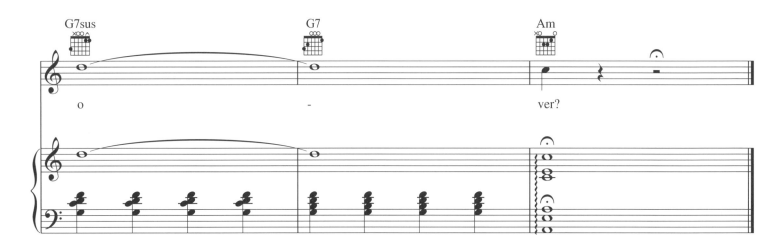

o - ver?

TURN ME ON

Words and Music by JAMES BLUNT
and FRANCIS "EG" WHITE

no, not sec-ond best. ___ I'll send her home ___ un - less ___ they're both ___

___ in it to - geth - er and they're both on each oth - er. That's ___
both in it to - geth - er and we're both on each oth - er, that's ___

___ my ___ kind of par - ty! That's ___ my ___ kind of par - ty, 'cause
___ my ___ kind of par - ty! That's ___ my ___ kind of par - ty, so,

I'm a boy, ___

___ she's a girl; ___ we're all do - ing this a - round ___ the world, ___

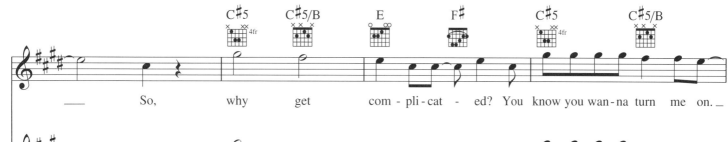

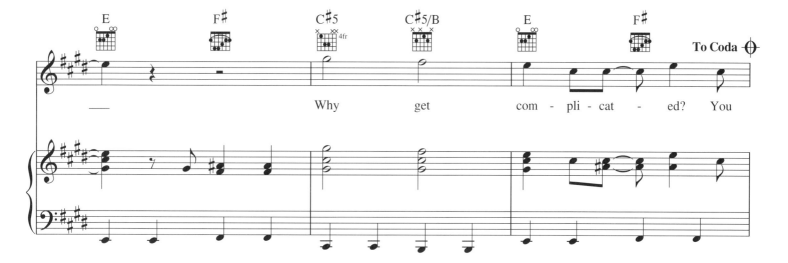

Un - der - wat - er   with some-one's daugh-ter;

D.S. al Coda

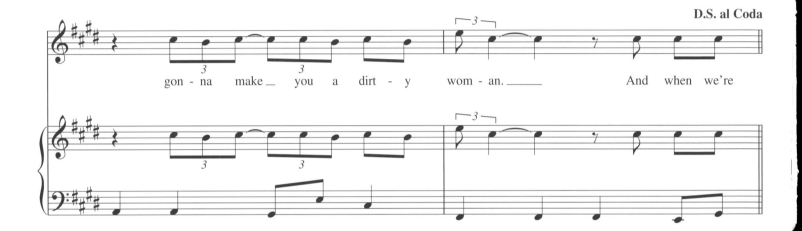

gon - na make__ you a dirt - y wom-an._____   And   when   we're

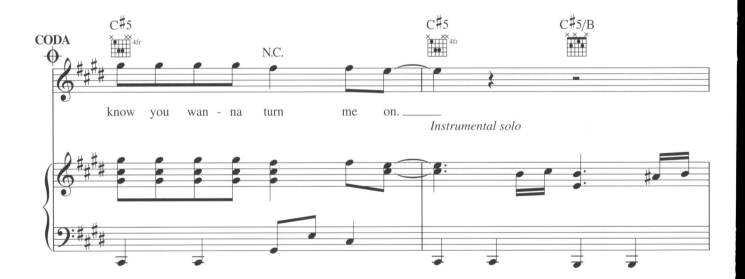

CODA

C#5   C#5   C#5/B

know   you   wan - na   turn   me   on._____

N.C.

Instrumental solo

E   F#   C#5   C#5/B   E   F#